AF232729

JINRIKISHA.

L'ÉVOLUTION JAPONAISE

1

CH. LOONEN.

Dans l'histoire des civilisations de l'Extrême-Orient, le Japon (1) a une physionomie si particulière que l'étude de ses origines et de ses progrès est certainement l'une des plus intéressantes à recommander à quiconque s'occupe de géographie et d'ethnographie. Dès les temps les plus reculés (2) et à des époques si lointaines qu'on n'en pos-

(1) Le terme « Japon », que nous avons communément adopté, est inconnu des Japonais eux-mêmes; ils appellent leur pays *Daï Nippon* (le grand Nippon), en donnant au mot « Nippon » la signification de « Soleil levant » ou « Orient ». Ce sont les Chinois qui, par corruption, ont fait de « Nippon », Jipan, Zippang ou Yapoun. On le désigne aussi sous les appellations de *Aki-zou-sima, Aki-tsou-sou* et *Yamata*. (C. S.)

(2) Les Japonais se prétendent, d'après leurs traditions qui se perdent dans la nuit des temps, issus en ligne directe des 800,000 *mikados* ou esprits divins. D'autres affirment que leur premier père fut *Jimnu-Tenno*, descendant de la déesse du Soleil. (C. S.)

sède aucun monument, il manifeste, sous ses premiers *Mikados*, contemporains des premiers rois de Rome, une activité incessante s'affirmant dans toutes les directions. Son caractère belliqueux, si différent de celui des autres Asiatiques, le pousse tout d'abord aux conquêtes, et celles-ci basent ses institutions politiques sur la prépondérance de la caste militaire, qui sera, à travers plus de vingt-cinq siècles, l'âme de sa force. Mais, chose curieuse, en même temps qu'il s'applique à grandir par la guerre, il demande aux arts de la paix sa prospérité économique, toujours croissante. La nation se crée par ces deux courants qui partout ailleurs seraient opposés, et qui continuent d'âge en âge à exercer leur influence parallèle (1). Pendant que d'un côté le mikado, chef suprême, mais représentant plutôt l'action pacifique, veille à l'organisation administrative, assied les impôts, fait construire des routes, des canaux, protège et encourage l'agriculture; d'autre part, les armées, sous le commandement des *shogoun*, défendent le territoire et en étendent les limites. Un autre résultat est produit simultanément par les mêmes causes. Le contact avec les voisins, Chine et Corée, détermine des importations sociales, intellectuelles, religieuses, industrielles, qui ouvrent autant de nouvelles sources à l'esprit entreprenant de ce peuple, doué surtout, et à un degré extrêmement remarquable, de toutes les facultés d'assimilation. Il accueille tous ceux qui lui apportent la connaissance de ce que l'on pratique à l'étranger, en saisit vite le secret, et perfectionne avec une surprenante intuition ce qu'il doit à l'emprunt ou à l'imitation. Les Chinois lui enseignent la fabrication de la porcelaine et de la soie. l'architecture, le commerce, facilité par l'usage de la monnaie. Les Coréens lui apprennent à écrire et, par l'écriture, à confier la pensée à la tradition; le bouddhisme (2) le compte parmi ses plus fervents adeptes; en un mot, tout ce qui assure un avantage moral et matériel aux pays avec lesquels il entre, d'une ou d'autre manière, en relation, il l'adopte en y imprimant son cachet personnel (3). C'est ainsi (4) qu'il rivalise rapidement dans tous ces domaines avec ceux qui sont ses initiateurs. Dès le septième siècle de notre ère et même avant, il s'est approprié toutes les inventions du Céleste-Empire : l'imprimerie, les mé-

(1) Toute l'histoire, fictive ou vraie, du Japon se trouve pour les Japonais, depuis leurs origines jusqu'au dix-septième siècle de notre ère, dans leurs *Annales* officielles qui commencent au premier mikado Jin-mu-ten-so et vont jusqu'au huit centième de ses successeurs, Go-ya-seï-in. Ces annales, qui comprennent sept livres, ont été, par ordre, traduites en langue vulgaire, à une époque inconnue, par Wa-ka-sa. Un Hollandais, Titsing, chargé d'affaires au Japon, en donna une traduction néerlandaise à la fin du dix-huitième siècle, et Klaproth la mit en français avec une savante introduction : *Annales des empereurs du Japon* (Paris, 1834), ouvrage très estimé. (C. S.)

(2) Ce fut un prince de Corée qui, en 284 après Jésus-Christ, vint au Japon avec son professeur chinois Wang-Sin, et ce dernier introduisit à la Cour du mikado l'étude de l'écriture et de la littérature chinoises. A partir de ce moment, les auteurs japonais se servirent dans leurs écrits d'un certain nombre de caractères chinois qu'ils appellent *kâna*. Quand ceux-ci conservent exactement la forme chinoise, on les nomme *jamâto kâna*, mais il y a une écriture cursive, *man jov kâna*, une autre, *fira kâna gaki*, et une de date postérieure, *kata kâna gaki*. (C. S.)

(3) Les Japonais eurent pour religion primitive le *shintoïsme* ou culte de « kami » (*kamimitsi*), le mot *kami* signifiant divinité. Au sixième siècle de notre ère, ils adoptèrent en grand nombre le bouddhisme (*bouds do*, culte de Bouddha). Le bouddhisme est, comme on le verra plus loin, une religion plus compliquée, plus métaphysiquement raffinée que le shintoïsme, dont les rites et croyances sont à la fois simples et sans abstractions ontologiques. (C. S.)

(4) Voir, sur tout ce qui concerne le développement intellectuel du Japon, les travaux de Léon de Rosny et de Pagès. (C. S.)

thodes d'exploitation des mines, les procédés d'agriculture; sa hiérar-
chie sociale est aussi régulièrement établie que celle dont le Fils du Ciel
occupe le sommet. Une distinction profonde se révèle toutefois entre ces

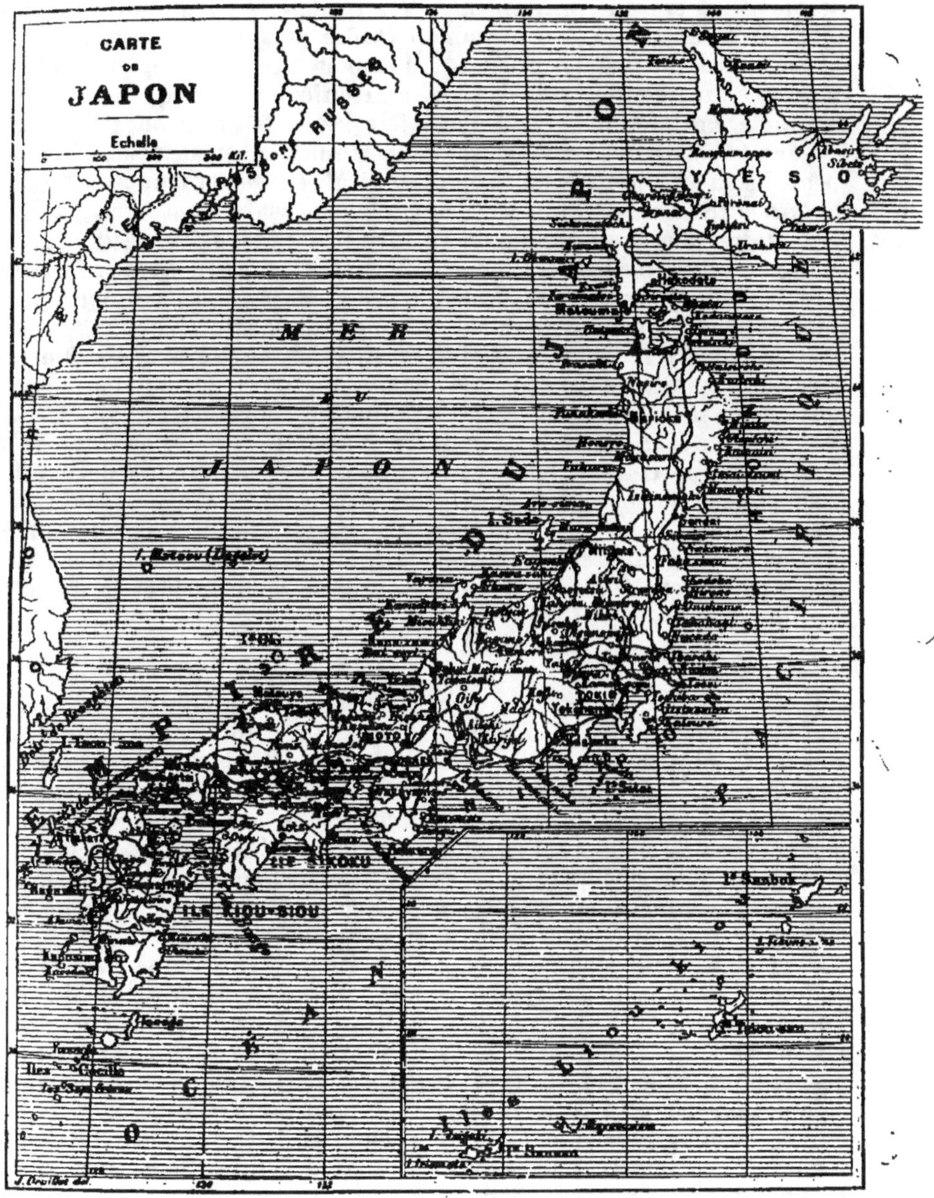

CARTE DU JAPON.

acquisitions faites par le Japon et les créations originales dont elles déri-
vent. La Chine et la Corée s'immobilisent dans leurs conceptions et
dans les applications de leurs découvertes. Le Japon, au contraire, va
de l'avant, et, les yeux fixés sur l'avenir, en ses étapes successives, il
réalise des transformations qui, de période en période, lui feront une

place bien à part dans le monde des idées et des faits en Orient.

Sans doute ces transformations ne s'opèrent qu'au prix de la lutte. Elle est, pour commencer, très ardente sur le terrain politique. Un choc iné-vitable a lieu entre le militarisme et les tendances pacifiques, et c'est le militarisme qui l'emporte, comme il était à prévoir. Les *shogoun*, véri-tables maires du palais, enlèvent, d'empiétement en empiétement, la puissance au mikado, qui n'a plus, au treizième siècle, qu'une autorité nominale. Les factions, ayant à leur tête les chefs des grands seigneurs féodaux (*daimios*), ou les membres de la famille impériale (*kougé*) s'entre-tuent, jusqu'à ce que Yéyasu, un des généralissimes des troupes (*shogouns* ou *taïcouns*), annule en fait le rôle du Mikado, usurpe le pouvoir, le rend héréditaire dans sa descendance, va résider à Yédo, qu'il fortifie, et con-centre en ses mains tout le pouvoir, réprimant ou brisant les résistances féodales et imposant au Japon ce *Code des cent lois* qui, en divisant les intérêts aristocratiques, privaient les conspirations du véritable lien pou-vant les rendre redoutables. Cette constitution de Yéyasu, si solide en apparence, avait, néanmoins, des défauts qui devaient, mais seulement après deux siècles et demi, causer la ruine du shogounat. Elle isolait les *daimios*, sans leur ôter le moyen de tyranniser les provinces soumises à leurs exactions. Ce système ne pouvait tôt ou tard aboutir qu'à déposséder le shogoun de sa suprématie, reposant exclusivement sur la désunion des grands feudataires. Dès que ces derniers trouvèrent l'occasion de se rap-procher, ils travaillèrent au renversement de leur maître commun. Mais ils n'y parvinrent que grâce à des circonstances qu'ils ne prévoyaient pas.

II

Ce fut il y a quarante ans que l'événement se produisit. Un conflit des États-Unis avec le Japon le provoqua. Les Américains avaient, en vue de l'établissement de leur ligne de navigation maritime entre la Californie et le Japon, sollicité du shogoun Tsada, ou plutôt du régent Ii-Kammon, un traité d'amitié et de commerce, avec l'entrée des ports japonais aux étrangers, à l'exception de Nagasaki. Le refus de cette con-cession eut pour réplique une démonstration navale des États-Unis. Les Japonais se levèrent en masse pour repousser les *barbares*, mais ne tar-dèrent pas à se convaincre de leur propre impuissance : ils furent forcés d'accepter les conditions du commodore Perry, et de donner accès aux bâtiments étrangers, américains et européens, dans les ports de Simoda, Yokohama, Nagasaki et Hakodaté. Le traité fut signé en octobre 1858. Les *daimios* ne s'y soumirent que sous l'empire de la force, mais avec la pensée de se venger sur le régent et le shogoun. Ils organisèrent un vaste complot qui n'éclata qu'en 1860. Ii-Kammon fut assassiné et plusieurs étrangers massacrés. Parmi ces derniers, il y avait des sujets britan-niques. L'Angleterre exigea une réparation, et les puissances euro-péennes, intervenant pour leurs nationaux, Anglais, Français, Hollandais, envoyèrent dans les eaux du Japon une flotte de guerre. Le shogoun et le mikado, ne pouvant tenir tête, durent se soumettre à toutes les condi-tions, qui furent terribles. Mais l'exécution des coupables ne fit qu'exciter de nouvelles haines. La guerre civile sévit pendant six ans. Le Japon du Nord s'arma contre le Japon du Sud. La victoire resta aux adversaires du shogounat, qui fut aboli en 1868. La restauration du mikado, dans la

personne de Mutsa-Hito, qui n'avait que dix-huit ans, mit fin aux dis-
cordes Le mikado, s'appuyant sur le peuple, se ressaisit du pouvoir. Il
s'efforça d'abord d'apaiser l'exaspération des grands chefs, auteurs de la
révolution, tout en déjouant leur projet de créer une oligarchie aristocratique. Il annonça des réformes et consentit à la création d'un parle-
ment qui déciderait de toutes les affaires; il récompensa, en outre, par
des pensions et des honneurs, ceux à qui il devait son avènement. Ce
n'était, au vrai, qu'une promesse momentanée. Mutsa-Hito nourrissait le
projet secret d'introduire au Japon les institutions européennes, d'abolir
la féodalité et de fonder l'autorité du mikado directement sur l'appui
populaire. Le coup d'État du 29 août 1871 démasqua son plan et réussit,
mais non sans recourir aux rigueurs et aux supplices. L'insurrection
soulevée contre Mutsa-Hito fut écrasée dans le sang (1).

III

Le Japon moderne (2) date de ce coup d'État, qui a inauguré la pénétration sociale et morale de l'Europe dans cette partie de l'Extrême-Orient.
Cette pénétration, acceptée par la majorité des Japonais, — bien qu'il y
ait encore un parti national intransigeant, — a eu pour conséquence de
nombreuses innovations auxquelles la France a contribué. Ce sont, en
effet, des Français qui ont donné des lois françaises à l'archipel japonais
et des instructeurs à l'armée japonaise. C'est l'influence française, principalement, qui a secondé l'essor de toutes les aspirations du Japon. Un
quart de siècle a suffi pour en faire une véritable puissance politique et
militaire. On en a eu la preuve lorsque les deux rivales séculaires en
Extrême-Orient, la Chine et le Japon, se sont trouvées aux prises : une
étincelle a allumé l'incendie. L'étincelle fut la question de Corée. Les deux
empires y prétendaient à la suprématie ou à une espèce de droit suzerain.
Une convention avait été signée entre eux, en 1885, à Tien-tsin, leur lais-
sant à chacun la faculté d'occuper le territoire coréen, en cas de troubles,
sauf à donner avis de cette occupation à l'autre puissance intéressée. Ce
traité pouvait être aisément violé. En 1894, une sédition à Séoul (Corée)
y amena l'envoi de troupes japonaises. La Chine protesta. Le différend
diplomatique dégénéra en *casus belli*. Le Japon n'hésita pas à déclarer la
guerre à l'Empire du Milieu. Vaincus sur terre et sur mer, les Chinois,
réduits à l'impuissance après huit mois de lutte, n'échappèrent aux con-
séquences incalculables de leur défaite complète que par l'intervention
des puissances européennes et le traité de Simonosaki (avril 1895).

(1) Cette insurrection était fomentée par les fanatiques opposés avec fureur
à l'invasion des « barbares aux cheveux blonds » (Européens), et, de leurs usages.
Le fanatisme n'a pas encore désarmé et se réveille dans certaines circonstances.
Quelques faits en ont donné la preuve, par exemple l'attentat, commis en 1891,
contre le tsarewitch (aujourd'hui l'empereur Nicolas II), qui, voyageant au
Japon avec le diadoque (prince héritier de Grèce), fut frappé d'un coup de
sabre à la tête par un fanatique. (C. S.)

(2) Sur le *Japon moderne*, outre le volume de M. Ch. LOONEN, dont on lira des
extraits plus loin, on consultera avec intérêt l'ouvrage de G. BOUSQUET, *Le
Japon de nos jours* (Paris, Hachette, 1877), et R. DE DALMAS, *Les Japonais, leurs
pays et leurs mœurs* (Paris, Plon, Nourrit et Cⁱᵉ). On trouvera d'ailleurs une
bibliographie très complète de tous les travaux récents sur le Japon dans le
Catalogue publié par Léon PAGÈS, et dans la liste très étendue de WENCKSTERN
(Londres, Kegan Paul, 1895).

IV

Les succès militaires ont favorisé les entreprises commerciales et industrielles des Japonais (1). A la guerre de conquête faite à la Chine a succédé sans transition la guerre économique livrée à l'Europe et à l'Amérique. Le Japon moderne a, dans ces conditions, recouvré tout son caractère primitif. Les deux courants que nous avons indiqués plus haut subsistent toujours. Encouragés par l'acquisition de Formose et des îles Pescadores, que leur a données le traité de Simonosaki, les Japonais visent au morcellement définitif de la Chine, dont ils se considèrent déjà comme les copartageants avec l'Angleterre, la Russie, la France et l'Allemagne. Ils travaillent aussi en vue de concurrencer l'Europe sur tous les marchés de l'Extrême-Orient, et ont même l'ambition d'étendre cette concurrence jusqu'aux marchés européens, en se fondant sur les prix réduits de leur main-d'œuvre. On ne peut se dissimuler que ces desseins aboutiront dans une certaine mesure. On a parlé d'une invasion jaune à main armée en Europe. Cet exode est peu vraisemblable et ne serait possible que le jour où se réaliserait la prédiction chimérique de Macaulay, relative aux dernières ruines de l'Empire britannique, le jour où la Russie ne serait plus assez forte pour opposer une barrière au flot jaune, où la France ne pourrait plus s'associer au concert européen et se verrait dépossédée de ses conquêtes asiatiques. Ce qui est de nature à faire réfléchir plus sérieusement, c'est le péril économique. Si ce dernier n'est ni proche, comme l'ont dit les statisticiens effarés qui ont agité ce spectre, ni impossible à conjurer, comme l'ont prétendu certains écrivains raisonnant de loin sur les documents mal interprétés, il faut en tenir assurément compte, l'évolution japonaise n'ayant pas atteint son dernier stade, et l'avenir lui réservant probablement d'autres victoires (1).

Charles SIMOND.

(1) Dans un travail de date récente publié par M. J. TROUP, sur le développement de l'industrie et du commerce au Japon (*Scottish geographical magazine*, 1896, t. XII, p. 169-184), nous voyons que le mouvement commercial total du Japon, qui était en 1873 de 230 millions et demi, s'élevait en 1895 à 265 millions et demi et même au delà. Les Japonais ont su améliorer les conditions de leur commerce par l'accroissement de leur flotte marchande, par la construction de chemins de fer et par la création de banques. Le recueil consulaire belge de 1896 contient un rapport de M. Ch. WAEPENAERT sur la situation économique au Japon pendant l'année 1895-1896. Ce rapport évalue les exportations comme suit : soies, 50 millions; soieries, 22 millions; porcelaine, 21 millions; thé, 8 millions; charbon, 7 millions; riz, 7 millions; cuivre, 5 millions. Quant aux importations, qui consistent principalement en sucres raffinés et bruts, cotons bruts, filés et fils, métaux, la France, d'après cet auteur, y aurait la plus grande part. Il est intéressant aussi de consulter à ce sujet les rapports commerciaux français, en particulier ceux de MM. de Lucy-Fossarieu, Steenackers, Klobukowski, ainsi que les articles de M. D. BELLET, dans le *Journal des économistes* (1895), et G. BOISSONNADE, dans le *Bulletin de la Société de géographie commerciale* (1895). D'après ces informations, les transactions commerciales du Japon, malgré la guerre avec la Chine, ont suivi un mouvement ascensionnel.

(2) Voir les *Progrès du Japon*, par Paul BARRÉ (1897), et du même auteur les articles sur le commerce du Japon dans la *Revue française* (1895-1896-1897). — Voir également *Lectures géographiques* de M. LANIER (Paris, Belin frères), et le *Japon contemporain*, par Jean DHASP (May et Motteroz, 1893).

YOKOHAMA ET TOKIO [1]

I

YOKOHAMA.

Voici quelques jours que je suis à Yokohama.

Tout d'abord cette population grouillante, baroque, dans les costumes les plus invraisemblables, m'a paru très malpropre, puis... est-ce l'habitude qui est venue ou le goût qui s'est perverti? j'en suis arrivé à la regarder avec plus d'intérêt, à l'examiner en détail et à conclure que, dans leur grande misère, dans leur parfait dénuement, les Japonais sont propres, soigneux et très industrieux.

Parlons un peu de Yokohama. C'est le plus important des ports ouverts aux Européens par les traités; sa population est de 132,809 habitants, comprenant 4,920 étrangers, dont 3,348 Chinois, 714 Anglais et près d'une centaine de Français. Les Européens sont environ 2,380 au Japon, dont la moitié Anglais, 20 pour 100 Américains, et 10 pour 100 Français.

Yokohama est relié aux principaux ports du Japon, de la Corée et de la Chine, par toutes les lignes européennes du Pacifique, par les lignes américaines, et par la Malle japonaise (Nippon Yusen Kwaisha). Le chemin de fer la réunit aux principales villes de

____

[1] Les pages qui suivent sont empruntées, avec l'autorisation de l'auteur, au volume intitulé : *Le Japon moderne*, par Ch. LOONEN. — (Paris, Plon et Cie.)

l'intérieur. Aussi Yokohama peut-il servir de point de départ pour de jolies excursions. On peut s'y installer dans un excellent hôtel, soit l'Oriental, soit le Grand Hôtel, et venir y jouir d'un repos bienfaisant ainsi que d'une cuisine européenne fort nécessaire. Les moyens de locomotion y sont faciles; j'ai trouvé des voitures parfaitement attelées; mais j'ai eu bien plus souvent recours aux jinrikishas, toujours prêtes, passant partout à la bonne allure d'un cheval au petit trot. C'est de ces légers véhicules, si rapides et si libres sur leurs deux hautes roues, que je me sers ordinairement pour fureter dans les ruelles des quartiers commerçants à la recherche des boutiques curieuses.

Le centre qui m'attire le plus invinciblement est le Benten Dori, quartier japonais situé entre la concession européenne et la gare du chemin de fer. A la vérité, c'est du japon ultra-moderne, fardé, machiné, truqué pour la plus grande distraction du touriste; c'est du japon d'opéra-comique, avec des devantures qui n'étonneraient pas à Paris sous les galeries du Palais-Royal. Mais comme il est amusant, aimable et gai et accommodé pour les gens pressés!

Messieurs les touristes, voulez-vous une décoction de Japon à dose agréablement diluée, servie chaude, point fatigante pour l'esprit, ne troublant pas le sommeil et d'une saveur encore suffisamment exotique? Posez donc le pied ici pour une journée en faisant escale entre l'Amérique et la Chine, rien que le temps de jeter un coup d'œil, de tremper vos lèvres, de respirer le fugitif parfum, et puis envolez-vous! Vous direz ensuite en Europe que vous connaissez le Japon.

Pour vous, on a mis de côté les vieux usages. Aujourd'hui, plus de ces interminables palabres arrosés d'innombrables tasses de thé, plus de ces discussions fastidieuses qui vous épuisaient pendant des heures et des heures avant que le propriétaire, jaloux de faire valoir sa marchandise, se décidât à laisser poindre du fond de son mystérieux « go down » quelque pan d'une étoffe précieuse, ou l'anse d'une potiche rarissime.

Tout est disposé pour une vente immédiate, et le jeune Japonais qui vous sert possède à merveille la langue anglaise et peut fournir ainsi toutes les explications désirables. La transformation est telle que souvent les objets étiquetés à l'avance sont marqués d'un prix en chiffres connus, et le boutiquier ne laisse pas marchander.

Dans les bazars, c'est un foisonnement des bibelots les plus divers, curiosités, photographies, éventails, bronzes, principalement des soieries et des porcelaines, sans compter les articles importés d'Europe, ustensiles de toutes sortes, où domine une profusion extraordinaire de lampes à pétrole. On ne dira pas que le vieux monde ne travaille point à éclairer les peuples encore peu avancés qu'il vient de découvrir.

Malheureusement cette nécessité de vendre vite et beaucoup, qui

.a eu pour conséquence la multiplicité des objets à bon marché, a entraîné en même temps une baisse correspondante dans la qualité. Adieu les pièces rares amoureusement conçues et travaillées par de laborieux artistes. A peine dans trois ou quatre maisons anglaises de la concession européenne trouve-t-on encore des objets de premier choix, faits avec soin, mais de fabrication moderne. Les beaux échantillons de japon ancien ont disparu du Nippon ; ils sont plus que rares et s'éparpillent derrière les vitrines de quelques musées.

COUR DU TEMPLE DE NIKKO.

Quant aux commerçants pittoresques, qui conservent les traditions nationales, c'est dans les villes moins parcourues de l'intérieur, à Kyoto, à Osaka, où ils défendent encore leur originalité, qu'il faut aller les dénicher.

Les pratiques religieuses, à Yokohama, ont jusqu'ici subi moins d'assauts que les anciennes modes commerciales.

Tout près de l'hôtel est un petit temple de Bouddha, très modeste, mais suffisant pour attirer des quantités de gens dans ce quartier. Je suis la foule, j'arrive devant le temple, je m'y arrête et regarde. Chaque fidèle s'avance, s'incline, tire une forte corde attachée en haut du portail et en frappe deux ou trois fois un gong sonore qui résonne et dont la voix appelle la divinité.

Autant que j'en puis juger, la divinité ne répond pas; mais le fidèle est content tout de même : il jette une petite pièce de monnaie sur le parvis du temple, s'incline profondément, frappe deux appels dans ses mains, joint les doigts, fait une prière recueillie, puis salue encore et part tout joyeux.

J'assiste quelques instants à ce spectacle populaire; je reviens en flânant, en regardant les boutiques et les gens; tout ce que j'ai vu depuis à Tokio, à Kioto, à Osaka et à Kobé, présentait la même physionomie; je puis dire que la rue m'a paru la même partout.

Variable de dimensions, souvent étroite et tortueuse, quelquefois droite et large, la rue présente au Japon un aspect toujours bruyant et animé. Les maisons entièrement ouvertes, comme des étalages de bazars, les enseignes flottantes, les lanternes en papier, lui donnent l'aspect de nos fêtes foraines des environs de Paris.

Rarement on voit des voitures; elles sont toujours menées par des cochers japonais avec un piqueur à pied courant devant les chevaux, prêt à les maintenir et prêt à écarter la foule. Les jinri-kishas (sorte de cabriolets minuscules et légers que j'ai déjà nommés) sillonnent les voies en tous sens, traînées rapidement par des coolis (hommes de peine), dont le trot égale celui de nos chevaux de fiacre. Les jambes nues, les pieds garnis d'une petite sandale de paille, un caleçon et un sarrau bleu pour vêtements, la tête couverte d'un grand chapeau de jonc chinois, ces hommes sont infatigables; ils courent, ils courent pendant des heures interminablement. On peut franchir de très grandes distances, dans les terrains accidentés, en prenant un second cooli : il se met en tête, passe une forte corde sur sa poitrine et s'attelle en tandem. J'ai vu quelquefois dans la rue passer des palanquins trop petits, trop exigus pour nos tailles européennes; ils étaient portés par quatre coolis précédés d'un piqueur.

Dans la foule, les coolis, légèrement chaussés, marchent vite; les autres Japonais, perchés sur leurs planchettes élevées (leur chaussure est une planchette en long portant sur deux hautes planchettes clouées d'équerre, qui la séparent du sol), s'avancent lentement.

Gênées par ces mêmes chaussures, les femmes ne vont guère vite; beaucoup portent leurs enfants sur leur dos. A cheval sur les reins de sa maman, soutenu par un lien d'étoffe qui le prend sous les aisselles, puis sous les cuisses, le marmot s'abandonne, les yeux clos, sa tête nue renversée en arrière et pendante au bout de son col flexible, comme un lourd dahlia qui fait ployer sa tige. On le croirait malade, tant son immobilité est inquiétante: non, il dort simplement au soleil. Mais voici un choc, il s'éveille, ouvre la paupière, soulève en gazouillant sa petite frimousse rosée, sourit, salue en agitant sa menotte et semble très heureux de son mode de locomotion.

J'ai vu des familles nombreuses se promener ainsi, la mère portant un bambin de quatre ou cinq ans, tandis que les deux aînés offraient l'appui de leur dos aux tout petits. Les gamines sont habituées à ce travail dès l'âge le plus tendre; j'en ai vu de huit à neuf ans, hautes comme la botte d'un de nos gendarmes, élevées sur leurs planchettes à patins, porter ainsi des bébés de deux ans; l'aspect en était invraisemblable !

On voit des Japonais habillés à l'européenne, mais le nombre en est restreint; ce sont surtout des fonctionnaires. Les femmes sont toutes habillées en costume japonais, et nous pourrons, à ce propos, tracer une description spéciale des modes singulières du pays.

Les costumes les plus variés, mélanges d'anciens types nationaux et de copies européennes, servent aux hommes; d'ordinaire, l'aspect n'en est pas heureux.

Les plus pauvres des coolis vont jambes nues et pieds nus, avec un petit pagne (et quelquefois rien) de coton blanc et un sarrau de coton bleu foncé sur le dos. Ce sarrau, comme armoiries, porte entre les épaules de grands caractères blancs indiquant à quel service appartient le cooli. Les moins malheureux et les artisans portent en plus un pantalon très ajusté, sorte de caleçon, quelquefois de tricot blanc, mais le plus souvent de toile bleue avec un sarrau plus soigné et sans marque; ils y ajoutent des sandales de paille d'un bon marché extrême qu'ils remplacent souvent. En général, ils sont tête nue, mais par le grand soleil portent le chapeau chinois en jonc.

Les gens de la classe aisée mettent à peu près les mêmes caleçons; mais, en outre, ils emprisonnent leurs pieds dans des chaussettes épaisses de coton blanc ou bleu, à séparation entre le pouce et les quatre doigts, et garnies d'une petite semelle fine.

Ils circulent ainsi dans l'intérieur, sans ternir la propreté méticuleuse de leurs nattes et de leurs parquets. Pour sortir, ils chaussent leurs planchettes (ou sabots) de bois, qu'ils maintiennent par des cordons saisis entre le pouce et les doigts. Ils se couvrent d'un « kimono » un peu plus court que celui des femmes et portent soit des casquettes, soit plus généralement des chapeaux de feutre que l'on fabrique au Japon.

Les employés de l'État, outre tous les gens à uniformes des chemins de fer, de la police, etc., tous les hommes des classes dirigeantes suivent l'exemple de la cour et témoignent de leur zèle pour la civilisation occidentale en s'habillant à l'européenne.

Les femmes portent le costume traditionnel; elles ne font d'exception que dans les classes élevées, lorsque les cérémonies les obligent à se conformer aux ordres de l'impératrice. Toutes conservent la haute coiffure, édifice savant qui convient admirablement à leur figure un peu bouffie ? Coiffure qui ne comporte jamais aucun chapeau, mais une quantité d'épingles, de fleurs, de colifichets de toutes sortes.

Mais voici leur costume : tout d'abord enroulé auteur des reins,
descendant jusqu'aux genoux, une sorte de grand pagne, ou pièce
d'étoffe rectangulaire qui sert de jupon et son nomme « yomoji ».
Les jeunes filles le portent de couleur rouge; pour les femmes

PRÊTRE DE BOUDDHA.

PRÊTRE DE SHINTO.

mariées, il est de couleur blanche ou de toute autre teinte claire
ce qui prouve, pour le dire en passant, que la valeur symbolique
du blanc est contraire à celle qu'il a chez nous. Vient ensuite le
« jiban », sorte de robe-chemise ou peignoir collant au corps, à
grandes manches carrées, en crêpe de soie de couleur douce.
Par les temps froids on revêt une seconde robe de forme iden-
tique, plus chaude, nommée « shitagi », qui s'adapte exactement

sur le jiban. La frileuse qui mettrait un deuxième shitagi le por-
terait exactement de même forme.

Enfin, se passe le kimono, le manteau national, sorte de par-
dessus qui, pour les hommes comme pour les femmes, a l'aspect

LE DAIBUTZU DE KAMAKURA.

connu d'un grand peignoir ouvert en fichu sur la poitrine, main-
tenu par une ceinture et garni de longues manches carrées percées
d'un trou pour les poignets et dont les vastes profondeurs devien-
nent de véritables magasins.

Les hommes portent le kimono court, sans bordure dans le bas;

les femmes, surtout en toilette, le portent long avec un grand
ourlet rouge garni de coton qui sert à maintenir tout le bas du
kimono.

Fait d'étoffe de coton pour les occupations journalières de la
maison, de soie pour les sorties en public, richement décoré pour
les cérémonies, ce vêtement témoigne de la richesse du Japonais.

Cependant, chez les femmes encore jeunes, la ceinture, nommée
« obi », est une pièce de prédilection.

Avoir un bel obi est la grande tentation des jeunes filles, et bien
l'ajuster est le triomphe de la coquetterie. C'est une combinaison
extrêmement compliquée de brocart de soie, de crêpe de Chine, de
rubans de maintien, qui se développe, enfle, foisonne et s'épanouit
en une immense coque qui bouillonne tout autour de la taille sur
la moitié du dos. Penchée en avant, armée de cette formidable cui-
rasse, comme certains scarabées empaquetés dans leur carapace
rigide, la Japonaise n'a pas une démarche élégante, et pourtant le
costume européen lui sied encore moins. Faute de taille, faute de
jambes, trop petite pour porter la robe ajustée, la femme japonaise fera bien d'être fidèle à ses traditions.

Il est vrai qu'en s'affranchissant de l'ancien costume, la Japonaise
croit s'affranchir aussi des anciennes coutumes de sujétion et
acquérir les droits et la considération dont jouissent les femmes de
notre race.

II

LE DAÏBUTSU.

Ma première excursion est celle de Kamakura. Une petite heure
de chemin de fer, par un train matinal, m'y conduit.

Kamakura, dans ses jours de splendeurs, devint la capitale du
Japon sous le règne du puissant shogun Yoritomo, vers la fin du
douzième siècle. Pendant quatre cents ans elle fut la résidence de
la famille des Hojo; mais à la fin du seizième siècle, sa fortune
pâlit lorsque Yéyasu fonda Yédo; depuis, Kamakura n'a fait que
décroître, jusqu'à devenir aujourd'hui une simple bourgade; mais
les souvenirs historiques du grand passé évanoui, qui l'anima si
longtemps, hantent en foule cette région peuplée de légendes. C'est
là que les vieillards récitent le plus de contes héroïques à la
veillée; c'est là que, dans les chansons populaires, revivent les
exploits des hommes d'armes; c'est là qu'à la brune l'imagination
des paysans voit se dresser les fantômes des vieux chevaliers
bardés de fer.

Ces impressions sont difficiles à sentir pour le touriste. Il ne
peut les saisir que très imparfaitement en admirant les restes des
deux temples de Hachiman et de Kwannon.

Le temple d'Hachiman, consacré jadis à Bouddha, contenait des annexes intéressantes, une bibliothèque, une pagode, la tour de la cloche, etc., qui ont été détruites en 1870, lorsque le culte de Bouddha fut banni pour faire place à celui de Shintô. Il renferme encore les reliques de son fondateur, le shogun Yoritomo; mais, parmi ces ruines, la seule chose qui frappe l'esprit du touriste, c'est l'immense Daïbutsu, statue colossale de Bouddha, la plus grande qui soit au Japon. On la voit surgir de loin au bout d'une belle allée bordée de pins, au sommet d'un monticule, au-dessus de la plaine, qu'elle semble écraser de sa masse. Par son ampleur et par sa construction elle rappelle la statue de saint Charles Borromée qui domine les bords du lac Majeur, à Arona. Dans l'une et dans l'autre il est facile aux curieux de pénétrer à l'intérieur, qui est creux, de circuler largement à travers l'abdomen et le tronc, et de grimper jusqu'au point culminant de la boîte cranienne; les parois sont composées de morceaux de bronze fondus, assemblés, soudés, puis finement ciselés. Le Daïbutsu n'a pas moins de dix-sept mètres de hauteur et de trente-trois mètres de circonférence. Il y a dans Paris des maisons à cinq étages qui ont de moins vastes proportions. Les yeux sont en or pur, les reliefs en argent. Ce Bouddha, assis et calme, représente, aux yeux des Japonais, la parfaite sagesse et le bonheur complet, fruits de la raison qui a su dominer toutes les passions.

Les contours sont d'une exécution soignée qui m'a paru supérieure à tout ce que j'ai vu en ce genre au Japon. L'impression générale aussi est différente; j'avoue que d'ordinaire j'ai trouvé grotesques toutes les images des dieux. Celle-ci, calme et sereine, est grandiose et imposante.

J'ai eu la curiosité de me hisser, à l'aide des échelons, à travers la carcasse vide de cette idole abandonnée. La narine gauche m'offrit une installation confortable, et je m'y reposai familièrement en me cramponnant au cartilage. Était-ce la fatigue ou l'émotion si nouvelle d'habiter un dieu? Qui sait? mais la vérité est qu'un trouble vague m'envahit comme si, coupable de sacrilège, j'eusse craint d'être rejeté avec fureur par quelque éternuement olympien. C'est sournois, un immortel. Mais non, le bronze débonnaire demeura immobile. Je me rassurai, et mon ascension me parut semblable à celle de ces insectes qui montent le long de l'écorce dans le creux des grands chênes morts. O misère des grandeurs déchues!

Près de là, le temple de Kwannon, déesse de la charité, s'implante sur le flanc de la colline au milieu d'un joli petit jardin chinois. On a agi généreusement avec la déesse de la charité : elle n'a pas moins d'une cinquantaine de statues rassemblées là dès l'abord et qui semblent dire : « Multipliez vos dons comme on a multiplié mes images. »

Malheureusement l'entrée principale du temple ne s'ouvre que deux fois l'an, au moment des fêtes solennelles, en mars et en juin. Je n'y pus donc pénétrer, en ce mois de mai, que par une petite porte latérale, et je n'appréciai pas pleinement l'effet imposant que

UN SAMURAÏ, CHEF MILITAIRE (AVANT 1871).

produit, à ceux qui arrivent de face, la statue de Kwannon, haute de dix mètres et enlevant ses reliefs dorés sur un fond de laque couleur chocolat, à la lueur des cierges, dans le recueillement du sanctuaire.

Du tertre où se trouve le temple de Kwannon, la vue est superbe; elle devient encore plus attrayante en montant sur un rocher voisin nommé Tnamura-Ga-Srki.

III

SHINTO ET BOUDDHA.

Les Japonais affectent une certaine indifférence religieuse; ils sont loin d'être un peuple pieux, beaucoup ne savent pas exacte-

SAMURAÏ (COSTUME ACTUEL).

ment s'ils pratiquent le culte de Shinto, ou celui de Bouddha, ou bien tous les deux. Malgré cela, ils suivent des habitudes traditionnelles, se réjouissent les jours de fête, font des pèlerinages et ont conservé un respect profond pour leurs ancêtres.

En réalité, il existe deux religions juxtaposées, pratiquées toutes deux, honorant toutes deux des dieux nombreux dont plusieurs sont communs à l'une et à l'autre et dont voici les principaux :

Aizen-Myo-O, Dieu de l'amour — Ama-Terasu, Déesse du Soleil — Amida, Déesse de la sagesse — Benten, Déesse de la chance et du bonheur, — Gongen, personnalité déifiée, qui s'applique principalement à Ieyasu — Izanagi, créateur du Japon — Jizo, Patron des malheureux — Kwannon, Déesse de la charité.

La religion de Shinto (Shinto signifie *la voix des dieux*) est l'antique religion des Iles, l'ancienne tradition indigène, celle du mikado et du parti qui gouverne en son nom. Elle n'a pas de pompes; c'est un culte de formes très simples qui ne demande guère autre chose à ses adhérents que des visites peu fréquentes aux temples voisins, lors des fêtes locales; le prosélytisme et les prédications philosophiques lui sont étrangers; il se borne à recommander l'adoration de la nature et la vénération des ancêtres.

Le shintoïsme, qui est assez analogue au paganisme des Grecs et qui, comme lui, divinise les forces naturelles, a des milliers de dieux, ceux du feu, du vent, du tonnerre, de la mer, des montagnes, des rivières, etc. Mais sa déité principale est la déesse du Soleil déjà citée, Ama-Terasu, fille d'Izanagi, créateur du Japon, mère de la série céleste dont sont issus les mikados qui règnent nominalement ou réellement depuis vingt-cinq siècles sur l'Empire du Soleil levant. Cette religion fait de l'Empereur un personnage sacré auquel le respect que professent les Japonais pour leurs ancêtres vient ajouter un lustre nouveau. C'est à la volonté des ancêtres, à leur désir de voir le Japon heureux et bien gouverné, que le mikado a fait appel lors de l'établissement de la nouvelle constitution.

Tout autre est la religion de Bouddha ; venue des Indes par la Chine et la Corée, elle fut introduite au Japon vers l'an 584 de notre ère. Des prêtres bouddhistes, avec des moines chinois et coréens, parcoururent tout le Japon pendant les sixième, septième et huitième siècles. Ardents prédicateurs, ils apportaient une religion douce et consolatrice; leurs cérémonies pompeuses, l'immense variété de leurs dieux, qu'ils ne craignirent pas de grossir encore par l'adoption des divinités les plus chères aux Japonais, leur science supérieure attirèrent à eux de rapides prosélytes. Avec eux, ils apportèrent la civilisation de la Chine, ses arts, son écriture et une influence qui devint prépondérante. Plus tard, vers le huitième siècle, et dans les siècles qui suivirent, les Chinois ne vinrent plus au Japon; ce furent les Japonais qui allèrent en Chine étudier eux-mêmes aux sources de la religion.

Il se forma peu à peu plusieurs sectes bouddhiques, actuellement au nombre de huit, subdivisées en trente ou quarante sous-sectes. Le dogme a pour objet d'arriver à la suppression de tous les désirs et de toutes les passions pour atteindre ainsi une sorte d'extase nihiliste ou repos complet nommé *nirvana*.

Un axiome du bouddhisme, répété depuis douze siècles : « Tout s'évanouit autour de nous ; la vie est « un songe ; qu'y a-t-il de durable sur terre ? » n'a pas contribué à rendre les Japonais assidus et persévérants, ni amoureux de l'avenir.

Les dieux eux-mêmes ne sont assurés d'aucune stabilité en ce monde vacillant. Il faut qu'ils suivent le sort des hommes, qu'ils triomphent ou succombent avec eux. Et, comme si l'histoire voulait étayer d'une preuve ce principe philosophique, un des premiers fruits de la révolution qui a rétabli le pouvoir du mikado a été en effet un redoublement de faveur pour le culte shintoïste et la désaffectation de plusieurs temples qui passèrent de Bouddha à Shinto.

En même temps que les deux religions dont je viens de parler, s'enseigne aussi la morale de Confucius, dont les principes, absolument autoritaires, préconisent l'obéissance absolue au souverain ainsi que la soumission complète de la femme et des enfants au père de famille. Ces principes sont actuellement attaqués dans ce qu'ils ont d'excessif et vont se modifier dans un sens plus moderne. Toute une fermentation religieuse, conséquence directe des changements politiques, anime la presse au Japon ; on y réclame un clergé plus instruit et des idées plus libérales.

Enfin le christianisme fait des progrès évidents ; la constitution admet pour les Japonais la liberté de conscience, mais la religion chrétienne n'est pas encore reconnue officiellement par l'État ; elle ne jouit pas d'une égalité parfaite à côté du bouddhisme et du shintoïsme ; cependant la propagande se fait ouvertement.

Le temple bouddhique est un assemblage de bâtiments divers placés dans une grande enceinte à laquelle on accède d'ordinaire par une haute porte à deux étages nommée Sammon. Suivant l'importance du temple, les cours et les portes se succèdent en plus ou moins grand nombre, tantôt sur des espaces très étendus, comme c'est le cas dans la montagne de Nikko, tantôt sur des terrains restreints, comme il arrive au cœur des villes : dans ce dernier cas les pavillons sacrés sont simplement juxtaposés. Dans l'enceinte, se trouvent la citerne sacrée, la bibliothèque, le pavillon des offrandes, celui de la danse, le logement des bonzes, l'écurie pour le cheval sacré, une pagode, la tour de la cloche, la tour du tambour, enfin le sanctuaire, mausolée dédié au fondateur. Tout cela est richement décoré d'ornements répandus à profusion.

Les temples shintoïstes, conçus dans un esprit beaucoup plus modeste, n'ont ni tours, ni pagodes, ni bois sculptés. Le luxe y est étranger ; l'aspect en est pauvre et nu. J'indique ici par ordre d'intérêt et de richesses artistiques les principaux temples à visiter : 1° le temple mausolée de Iéyasu à Nikko, puis celui de Iémitsu au même endroit ; 2° les temples de Shiba et de Uyéno, mausolées des shoguns à Tokio ; 3° les temples de Kyoto ; 4° ceux de Nagoya. Les plus beaux temples, ceux de Nikko, ont été construits par les shoguns, qui étaient bouddhistes.

IV

NIKKO

En 1616, pour obéir aux ordres de son père, qui voulait être enterré dans la montagne de Nikko, Hidetada envoya deux hauts offi-

JEUNES FILLES JAPONAISES.

ciers, Honda et Todo, avec mission d'explorer le pays et de rechercher le plus beau site. Les travaux commencèrent immédiatement ; rien ne fut épargné pour les mener avec art et rapidité ; les plus beaux cèdres de la forêt furent sacrifiés et les travaux terminés deux ans après ; on amena le corps de Iéyasu en grande pompe au milieu d'un immense cortège.

La construction, qui est faite en bois de cèdre, est, ainsi que la décoration, absolument bouddhique, c'est-à-dire de style chinois ; des présents de toutes sortes, provenant des daïmios, de la Corée et même de la Hollande, contribuèrent à embellir le sanctuaire primitif.

Le mausolée de Iéyasu est de beaucoup supérieur à celui de

Iémitsu, construit tout à côté. Je décrirai donc le premier comme le modèle des temples japonais.

On arrive jusqu'à la terrasse où se trouve l'entrée des deux temples par une magnifique avenue de cryptomérias séculaires, en

FILLETTE PORTANT SON PETIT FRÈRE.

montant de larges marches de pierre au haut desquelles se dressent de grandes colonnes de granit formant portique. Sur cette terrasse superbement ombragée sont établis quelques petits marchands d'objets de sainteté, ainsi que le poste d'entrée où l'on achète les billets. A gauche, se dresse une magnifique pagode aux cinq toits chinois superposés, peinte en couleurs vives, vertes, rouges et or, merveilleusement conservées sous les couches de laque. Une fois sur cette première terrasse on a devant soi le mausolée de Iéyasu et à gauche celui de Iémitsu, où l'on parvient en suivant encore une belle allée de cèdres. Montant tout droit, j'arrive à la porte de l'enceinte du temple de Iéyasu, porte nommée « Ni-o-mon », ou porte des deux rois, jadis garnie, suivant la règle bouddhique, de deux statues colossales des deux rois Brahma et Indra. Ce nom est resté à cette porte, quoique tous les attributs bouddhiques aient disparu. Les deux rois ont été remplacés dans les niches par des monstres fabuleux. La porte, entièrement en bois comme toutes celles qui vont suivre, est décorée de sculptures représentant des lions, des tapirs, des têtes d'éléphant, de licorne et autres animaux chimériques. J'entre dans une cour spacieuse, fermée par un mur de bois laqué en rouge; elle est soigneusement sablée et garnie de passages en pierres ou dalles rapprochées à peu d'intervalle. A l'intérieur, et tout autour de l'enceinte, sont disposés des objets d'art, témoignage du respect qu'inspirait la puissante maison des Tokugawa : lanternes de pierre, de fer, de bronze, présents offerts par les grands feudataires. A gauche de la porte est planté un beau conifère nommé « Koyamaki », et entouré d'une balustrade de pierre; on prétend que c'est réellement l'arbre, alors tout petit, que portait jadis Iéyasu dans son palanquin. En dépit de cette aristocratique origine et malgré ses deux cent quatre-vingts ans, il est bien moins haut que les cèdres avoisinants.

Cette première cour contient trois constructions : 1° à côté de l'arbre Koyamaki est l'écurie sacrée du cheval blanc servant au dieu. Des sculptures ajourées et peintes, formant frise, représentent des singes dans diverses attitudes. Les pèlerins les nomment Kika-Zaru, Twa-Zaru, Mi-Zaru, c'est-à-dire le singe muet, le sourd et l'aveugle; 2° à droite un pavillon renferme les trésors du temple, des ustensiles de culte et des souvenirs de la vie de Iéyasu, que l'on expose en juin, lors des fêtes annuelles et des pompeuses processions; 3° plus loin, derrière un grand bloc de granit creusé en forme de citerne, s'élève le pavillon-bibliothèque, le « Kyozo », contenant les écritures saintes.

Un nouvel escalier me conduit dans une deuxième cour surélevée au-dessus de la première et bordée par une balustrade de pierre. A droite et à gauche, formant la paire, s'élèvent la tour de la cloche et la tour du tambour ; des présents de la Corée et de la Hollande sont disposés symétriquement de chaque côté des tours; j'y remarque des candélabres et des lanternes de bronze du dix-septième siècle. Derrière est un petit temple bouddhique dédié au dieu Yakushi-Nyorai et orné d'oiseaux artistement sculptés.

Troisième escalier et troisième grande cour :

A l'entrée de la plate-forme une porte superbe, en bois sculpté, peinte en blanc, nommée Yomoi-mon. C'est, à mon avis, la plus belle de toutes celles que j'aie vues au Japon. Sa toiture est tout à fait remarquable. Les têtes de colonne représentent des licornes ; les intersections des solives de l'architrave du deuxième étage sont ornées de têtes de dragons blancs ; au centre et aux çoins se développent des dragons aux griffes dorées. En dessous règne tout autour un balcon dont la balustrade représente principalement des groupes d'enfants qui jouent. Plus bas encore, des groupes chinois de sages et d'immortels en rangée continue. Tout autour de cette cour imposante s'étend un long cloître dont les murs en bois sont décorés de sculptures peintes et ajourées représentant des arbres, des oiseaux et des fleurs. Entre les galeries du cloître sont, à droite, deux chapelles consacrées, l'une aux danses shintoïstes, l'autre aux feux odoriférants de cèdre et d'encens. A gauche est le pavillon des chars dans lesquels les esprits de Iéyasu, de Hideyoshi et de Yoritomo viennent se reposer lors des grandes processions annuelles. Le milieu est occupé par un rectangle entouré d'une cloison de bois en treillis à jour, ornée, sculptée, que ferme une porte nommée « Kara-mon » ; adossé au sanctuaire, cet enclos servait autrefois de porche, ou vestibule oratoire, aux prêtres bouddhistes avant l'entrée du sanctuaire. Cette porte « Kara-mon » est ornée de caissons de sculptures chinoises enchâssés sur les côtés.

Les portes du Temple-Sanctuaire, auquel j'arrive enfin en franchissant plusieurs grandes marches qui règnent tout le long de la façade, sont faites de grands panneaux pliants, couverts d'arabesques et de fleurs en relief, sur lesquels l'or n'a pas été ménagé. Une grande frise dorée est ornementée dans le même esprit et court tout le long de la façade. A l'intérieur, une grande salle de 14 mètres de long sur 9 de profondeur est bordée, à droite et à gauche, par deux autres chambres de 9 mètres sur 7 servant de vestibules ; ces vestibules sont ornés de panneaux sculptés et peints, ainsi que de plafonds à caissons répétant les armes de la famille des Tokugawa : des aigles, des phénix et des chrysanthèmes.

Dans la grande pièce d'entrée, le parquet est recouvert de nattes de la plus grande finesse (on m'a fait enlever mes chaussures) ; les séparations sur les deux vestibules sont des panneaux peints et sculptés, et le plafond est orné de caissons décorés et dorés. Il ne reste plus dans cette pièce, dont les ornements du culte bouddhique ont été enlevés, qu'un grand Gohei (sorte d'ex-voto en papier doré), ainsi qu'un grand miroir. Par deux ouvertures, réservées à droite et à gauche au fond de la salle, on descend deux marches et on pénètre enfin (dernière étape) dans le sanctuaire consacré aux trois princes divinisés. Sur ce sanctuaire s'ouvrent des châsses (chambres saintes), dant l'entrée est interdite. Ici le sol est dallé, recouvert de nattes fines ; le plafond est à caissons décorés de dragons d'or sur fond bleu. Sortant par la porte Kara-mon, à panneaux de sculptures chinoises, je revois la belle cour que ferment le cloître et la porte de Yomei-mon. Mon guide m'explique qu'il y a trente et quelques années, avant que le culte shintoïste eût substitué sa simplicité au culte de Bouddha, jusque-là en faveur auprès des tout-puissants shoguns, cette cour était le théâtre d'importantes cérémonies accompagnées du son des tambours, des cloches et de

JEUNES ÉLÉGANTES.

chants solennels qui servaient de prières pour le bien du pays.

La révolution s'est faite, religieuse et politique ; le temple contenant les restes du grand fondateur de la dynastie des Tokugawa, qui régna pendant deux cent cinquante ans et sous laquelle le bouddhisme était prépondérant, a été désaffecté, purifié et consacré à Shinto, culte des Mikados.

Mais je vais voir le mausolée proprement dit ; je contourne le temple, le long de la galerie, je passe une porte décorée d'une des sculptures les plus réputées d'Hidari-Jingoro, représentant un chat endormi ; je monte environ deux cents marches, je passe sous un portique (Tori), je laisse à ma droite un nouvel oratoire destiné aux prières en cas de réparations à faire au temple, et je me trouve devant le tumulus.

Enfin voici donc la partie principale de l'édifice, celle pour laquelle tout le reste a été construit, portes monumentales, escaliers pompeux, vastes cours, tours élevées, pavillons magnifiquement laqués et dorés ; après tant de splendeurs, à quelle merveille allons-nous aboutir ? O déception ! Le mausolée est une pagode très simple, en bronze, érigée sur des marches de pierre formant socle, dans une petite cour entourée d'une balustrade de pierre, fermée par une porte de bronze, couverte d'un toit de même métal.

Sur le devant une cigogne de bronze tient un chandelier dans le bec, entre un vase à encens et un vase de lotus.

Quel contraste entre cette accumulation d'enceintes, de cloîtres, de sanctuaires richement ornés, et ce tombeau modeste ! Il me semble que je viens d'assister à une féerie éblouissante ; les tableaux ingénieux et variés sont d'un éclat fantastique ; mais là pièce est boiteuse et pèche par un dénouement mal venu. Je redescends rapidement tous les escaliers, je passe devant différentes chapelles et pavillons, devant le temple shintoïste de Futa-ara-no-Jinja. devant ceux de Kishi-Bojin et d'Amida, puis je me rends au mausolée de Iémitsu, que je ne décrirai que fort sommairement. Comme pour arriver à celui de Iéyasu, je monte des escaliers, je passe sous des portes finement sculptées, ornées de niches contenant des dieux divers, et, de terrasse en terrasse, j'arrive au sanctuaire. qui est beaucoup moins beau que celui de Iéyasu, mais contient encore tous les objets consacrés au culte bouddhique. Tournant le temple, j'arrive à la tombe, recouverte d'une petite pagode en bronze semblable à celle de Iéyasu. En descendant je vais voir les peintures décoratives (ou kakemonos) pendues dans le Tama-ya du troisième shogun. Cette chambre est un trésor et contient une quantité de merveilles qui ont dû demander des années de travail et de patience.

De retour à l'hôtel, je comprends le proverbe des Japonais : « *Nikko mi nai uchi wa kekko to iu na* », c'est-à-dire : « Tant que vous n'aurez pas vu Nikko, ne prononcez pas le mot *kekko* (splendide). » Cela me fait songer au mot des Napolitains, un peu modifié pour la circonstance : « Voir Nikko et mourir ! » ...Et pourtant, ô mensonge des phrases toutes faites ! semblable, j'imagine, à tous les voyageurs qui m'ont précédé, je me propose au contraire de vivre le plus longtemps possible pour voir ailleurs d'autres merveilles et pour bercer voluptueusement dans ma mémoire l'image de celles que je quitte. Le vieux Japon a concentré là, dans ces créations, la quintessence de son génie. Ces tombeaux sont l'œuvre de véritables Pharaons, de souverains pour qui les générations travaillaient sans compter. On ne fera plus rien de semblable. Le Japon moderne, avec son industrialisme, sa main-d'œuvre à bas prix et le cruel souci de gagner de l'argent, ne produira plus ces chefs-d'œuvre de soin et de persévérance.

V

TOKIO.

De Yokohama je vais continuellement à Tokio.

Tokio, qui veut dire capitale de l'Est, fut fondée par Iéyasu ; elle se nommait Yédo sous le règne des shoguns et changea de nom en 1869, lorsque le mikado reprit le pouvoir et en fit sa résidence. C'est une ville immense de 1,300,000 habitants, construite au bord de la plaine fertile de la Musashi, à l'embouchure de la Sumidagawa et de différents petits cours d'eau, sur les bords de la jolie baie de Yédo. L'eau y est peu profonde; les grands navires sont obligés de s'arrêter à Yokohama, à quarante minutes de chemin de fer.

Quand je viens, en descendant à la station « Shimbashi », je commence par prendre deux jinrikishas : c'est facile, il y en a plus de quarante mille; on les trouve partout, dans les quartiers de la ville; elles sont propres et commodes. J'en donne une à mon guide, et j'en réserve une seconde pour moi-même. Au coureur qui tire entre les brancards j'adjoins un homme chargé de pousser par derrière, et souvent j'en place un troisième qui tire en flèche devant le premier. Nous filons ainsi au grand trot.

Tokio se compose de trois parties distinctes. Au centre est le palais impérial, construit sur l'emplacement de l'ancienne citadelle. La façade en est de style japonais. Mais le « Kunaisho », sorte de ministère de l'intérieur, qui est adjacent, est une grande bâtisse de briques et plâtre sans architecture originale. Nul n'est admis à visiter la résidence sacrée du mikado. On sait par des indiscrétions qu'elle renferme de riches boiseries sculptées, des plafonds à caissons adroitement ornés, des panneaux tendus d'étoffes de brocart, tous spécimens de l'industrie du Japon moderne. Quant au mobilier, il vient d'Allemagne; Sa Majesté Impériale vit dans l'intérieur lourd et sans caractère d'un bourgeois aisé de Munich ou de Berlin. Un système d'éclairage électrique perfectionné et de chauffage à vapeur assure le confortable de notre civilisation à ce fils du Soleil.

Le palais avec ses dépendances est entouré d'un large fossé qui n'a pas moins de trois kilomètres de tour. Il est protégé en outre par un rempart formé de blocs de granit posés sans mortier. Tout autour une rangée de pins noirs clairsemés donne à l'ensemble un aspect triste et sauvage. Autour de ce centre principal est groupée la deuxième partie de la ville, qui contient les ministères, les ambassades et de grands terrains vagues sur lesquels on commence à construire à l'européenne. Cette partie est aussi munie de remparts. Au delà enfin se développe la ville de Tokio proprement dite, immense agglomération de villages bâtis le long de rivières et de canaux. Quelques rues sont larges et droites, mais en général l'aspect de la ville est misérable pour des yeux parisiens.

Toutes ces petites maisons de bois, basses, exiguës, de matériaux primitifs, respirent la pauvreté. Près de la gare « Shimbashi », bâtie au sud de la ville, se trouvent les rues les plus agréables et les plus animées.

En dehors des temples, il n'y a pas à Tokio un seul bâtiment digne d'intérêt; toutes les constructions administratives sont modernes, très simples, sans aucune prétention; il n'y a pas de places publiques.

Le touriste aura vite fini la visite de la ville; pourtant les temples, les parcs et le théâtre offrent de l'intérêt : mais ce qui est vérita-

UN FERMIER.

blement attachant, c'est que l'on peut à Tokio, bien mieux qu'à Yokohama, étudier les usages et la vie des Japonais et pénétrer leurs mœurs jusqu'au vif.

Je ne recommande pas le bazar de Kwan-ko-ba, où s'étale la pacotille européenne la plus vulgaire mêlée aux produits courants de l'industrie japonaise moderne. C'est une sorte d'exposition per- manente que le gouvernement encourage, bien plus pour le déve-

loppement de certaines usines que pour offrir aux yeux de beaux
modèles artistiques.

Il faut noter aussi, pour être complet, le musée d'armes, pâle
copie de notre musée d'artillerie. Honorons d'un coup d'œil en
passant quelques vieilles bouches à feu japonaises et coréennes,

LA PAYSANNE AU PUITS.

auxquelles se mêle un antédiluvien canon de pierre, et détournons
la vue des casques de pompiers et des cuirasses horrifiques; oh!
la vilaine ferblanterie!

En revanche, les deux parcs de Shiba et de Uyéno sont extrêmement curieux. Ce sont de vastes étendues de terrain semées de
pelouses, de beaux arbres et de fleurs où sont épars, çà et là, des
temples renfermant les tombeaux de certains shoguns.

Le Japon moderne chasse l'ancien; à peine lui rend-il hommage en conservant quelques beaux spécimens artistiques. Sur l'emplacement du grand temple s'élève aujourd'hui un musée où sont rassemblés quelques souvenirs bouddhiques, de fort intéressantes collections historiques d'armes, de costumes et de manuscrits, de vieux ouvrages hollandais. J'y rencontre également les anciens palanquins et les chars de cérémonie, la voiture du mikado, des paravents, des instruments de musique, des images divines, de belles laques. Il y a mieux, paraît-il, en temps ordinaire.

VI

LA MAISON JAPONAISE.

Les Japonais n'ont rien construit d'important en dehors de leurs temples. Encore ces temples ne sont-ils, à proprement parler, que de vastes hangars formés d'énormes toits à la manière chinoise, qui reposent sur des piliers de bois; c'est l'accessoire, c'est la décoration artistique qui en sont intéressants; mais on n'y voit point de lignes d'une savante ordonnance constituant un ensemble architectonique.

Sans grande ingéniosité et d'esprit mesquin, les habitants ignorent en réalité l'art de bâtir. Dans ce pays dépourvu de fer et de verre, pauvre et d'habitudes frugales, l'habitation n'est encore que l'ancienne hutte perfectionnée. Aux arbres attachés par des lianes, supportant un toit primitif, les Japonais ont peu à peu substitué la charpente et la tuile; ils ont remplacé les grossières nattes de clôture par des panneaux : leurs progrès n'ont guère été au delà.

La maison japonaise est petite et basse; le plus souvent c'est un simple rez-de-chaussée, et si quelques-unes sont surmontées d'un étage, aucune du moins n'en comporte deux.

Rien de simple comme ces demeures : un cadre en charpente qui supporte le toit et repose sur de grosses pierres placées sur le sol, sans fondations; c'est tout.

Ces maisons ne sont ni fermées ni divisées par des murailles continues; dans les villes, beaucoup n'ont qu'une cloison en bois qui, sur les côtés, les sépare des voisins; dans les jardins, dans la campagne, un ou deux côtés sont fermés par des planches, ou bien (surtout dans les maisons nouvelles) par des claies en bambou clouées sur la charpente, puis enduites d'argile et de chaux.

Partout des panneaux glissant dans de fines rainures servent de clôture, de portes, de fenêtres; ils ferment, ouvrent, divisent les pièces au gré des habitants : à l'extérieur, pour prendre le jour, ils sont composés de petits châssis légers, formés par de menus bois disposés en rectangles, garnis de papier d'un blanc mat demi-transparent qui laisse filtrer la lumière; à l'intérieur, suivant la fortune du propriétaire, ils comportent un papier opaque commun ou un papier richement décoré. Le soir on ferme avec des panneaux de bois plus solides. On ouvre de grand matin. C'est alors un tapage dont tous ceux qui ont couché dans des auberges japonaises gardent un mauvais souvenir.

Une petite entrée est ménagée au niveau de la rue; on y laisse ses chaussures; on monte sur une estrade de 33 ou 40 centimètres de hauteur au-dessus du sol, laquelle sert de plancher à toute la maison.

Ce plancher est partout garni de nattes dans les pièces qui servent d'habitation; il est soigneusement ciré et entretenu dans le petit réduit formant vestibule, escalier, cuisine.

Les nattes blanches, épaisses, douces, de fort belle qualité, qui se joignent exactement, ont une mesure invariable de six pieds sur trois, environ 1^m,70 carré.

Elles servent de tapis, de meubles, et sont l'expression du confort japonais; c'est par leur nombre que l'on désigne la grandeur d'une maison en disant qu'elle a trois ou quatre pièces de trois ou dix nattes.

Le premier étage, construit sur une partie seulement de la maison est fort bas; on y monte par une échelle de meunier, raide et désagréable. Tout cela est si frêle et si délicat que, sous les pas de l'Européen, la maison tremble tout entière.

Les toits lourds et disgracieux surplombent la maison; ils sont couverts d'écorces de cèdre ou de planchettes de sapin comme les chalets du Tyrol, ou bien de lourdes tuiles foncées de façon chinoise.

Les toits des temples shintoïstes sont couverts d'écorces ou de planchettes de sapin; les bouddhiques sont toujours couverts de tuiles. A la campagne les toits sont en chaume, et la partie supérieure souvent garnie d'une crête fleurie.

De meubles... il n'y en a pas!

Les Japonais couchent par terre, sur de minces matelas en coton — étendus le soir sur les nattes, roulés et enlevés le matin. Cela simplifie beaucoup la construction des dortoirs dans les casernes et les prisons.

De même ils mangent accroupis sur le sol, servis sur de petits plateaux laqués. S'ils possèdent quelques objets de prix, quelques trésors, ils les rangent dans des magasins adjacents à leur demeure et nommés go-down, sortes de petites huttes de terre et de chaux à l'épreuve du feu.

Dans un grand vase de cuivre, brûle jour et nuit du charbon de bois au milieu des cendres; c'est le réchaud autour duquel se rassemblent, assis sur la natte, les membres de la famille; ils travaillent, lisent, jouent et causent là... Sans cesse hommes et femmes allument à ce foyer leurs pipes minuscules, que trois ou quatre bouffées suffisent à vider.

Il n'y a pas d'autre chauffage dans ces maisons mal jointes, pleines de courants d'air, incommodes au suprême degré. La civilisation moderne a apporté au Japon les lampes, dont j'ai déjà dit un mot; on y brûle du pétrole; les anciens chandeliers sont abandonnés.

Il n'est pas rare que la maison soit entourée d'un petit jardin. oh! petit, bien petit, et de toutes les manières. C'est là principalement que se révèle le goût inné des Japonais pour ce qui est étriqué, puéril et mièvre, goût qui contraste étrangement avec certains traits de mœurs héroïques : rappelez-vous l'histoire d'Asano, que j'ai contée un peu plus haut. Mais c'est le côté gamin qui domine en eux; tout leur est bon pour s'amuser, et s'il y a parfois du sang dans leurs jeux. c'est qu'ils ont rencontré la mort sur le chemin et qu'ils l'ont engagée sans façon dans leurs rondes enfantines. Peuple extraordinaire! Ils grandissent sans devenir hommes; leur esprit n'atteint jamais la maturité; et, avant qu'ils soient parvenus à sortir de l'enfance, la vieillesse arrive et achève de les y retenir. On parcourrait le monde entier sans voir nulle part, comme en ce pays, la nature déformée, rapetissée et rétrécie.

Ces allées de jardin sont juste assez larges pour des pieds de poupée. Ces humbles godets, en manière de lacs, sont si étroits que les moineaux dédaigneraient de s'y baigner; des rigoles fluettes y roulent à peine quelques gouttes d'eau et craignent de renverser ces ponts frêles qui semblent plutôt du carton que du rocher. Enfin, le faîte de ces cèdres nains ne dépassera jamais ma ceinture.

Je me sens redevenir enfant en voyant ces jouets; il me semble qu'on vient de les sortir d'une boîte de Noël; mais ils ne m'amusent qu'un instant. Mûri comme tout Européen, je n'ai plus autant le goût des fanfreluches et je réserve mon admiration pour les pins élancés dont la pointe géante va bien au-dessus de ma tête percer le ciel comme une flèche. Quel beau camphrier, ombreux et puissant, j'ai salué hier sur la route d'Oji!

Ch. Loonen.

PAYSAGE DU JAPON.

www.ingramcontent.com/pod-product-compliance
Lightning Source LLC
LaVergne TN
LVHW050322030726
842520LV00005B/1733